CUENTA conmigo

cuenta con
MONSTRUOS

Madeline Tyler traducido por Diana Osorio

Gareth Stevens
PUBLISHING

Please visit our website, www.garethstevens.com.
For a free color catalog of all our high-quality books,
call toll free 1-800-542-2595 or fax 1-877-542-2596.

Cataloging-in-Publication Data

Names: Tyler, Madeline, author. | Li, Amy, illustrator.
Title: Cuenta con monstruos / by Madeline Tyler, illustrated by Amy Li.
Description: New York : Gareth Stevens, 2023. | Series: Cuenta conmigo
Identifiers: ISBN 9781538281949 (pbk.) | ISBN 9781538281963 (library
bound) | ISBN 9781538281956 (6 pack) | ISBN 9781538281970 (ebook)
Subjects: LCSH: Counting--Juvenile literature. | Monsters--Juvenile
literature.
Classification: LCC QA113.T94 2023 | DDC 513.2'11--dc23

Published in 2023 by
Gareth Stevens Publishing
29 East 21st Sreet
New York, NY 10010

© 2021 Booklife Publishing
This edition is published by arrangement with Booklife
Publishing

Translated by: Diana Osorio
Editor, English: John Wood
Editor, Spanish: Diana Osorio
Illustrated by: Amy Li

Printed in the United States of America

CPSIA compliance information: Batch #CSGS23: For further information contact Gareth Stevens,
New York, New York at 1-800-542-2595.

Find us on

Créditos fotográficos

**Images are courtesy of Shutterstock.com. With thanks to Getty Images,
Thinkstock Photo and iStockphoto.**

Recurring images – Gwens Graphic Studio (stars and sparkles), Vector
Tradition (number pattern), ExpressVectors (hall carpet pattern), Rolau Elena
(bathroom floor pattern), lemony (bedding pattern). Cover – An1998,
p1 – An1998.

Es la hora **de dormir de** estos pequeños monstruos.

3

10 monstruos somnolientes se preparan para ir a dormir.

Estos monstruos están muy sucios.

¡Hay mucho que hacer!

BAÑO

9 manchas que están desarregladas y necesitan que las cepillen.

¡Así están mucho mejor!

8 manos saludando desde la bañera.

¡Hola, monstruos!

Plop, plop, plop.

Ahora sí están limpias estas manos.

7

pies de monstruos apestosos
necesitan que los laven.

¡Puaf!

¡Bien hecho, monstruos! ahora sí están limpios.

6 garras afiladas que hay que cortar.

¡tris, tras, tris, tras!

¡Ya casi están listos para ir a dormir!

13

¡5 dientes de miedo!
Es hora de cepillarlos.

¡Los pequeños monstruos **siempre** cepillan sus dientes antes de ir a dormir!

4 colas de monstruos felices agitándose.

¡fuuuu!

1   2   3   4

16

¡Metan esas colas en la cama!

¡Rrrrrr!

3 ojos abiertos y mirando a su alrededor.

¡Cierra esos ojos, pequeño monstruo!

19

2 luces encendidas,
pero tenemos que estar a oscuras.

Es hora de ir a dormir.

Apaga la luz, por favor.

¡Clic!

1 cama grande llena de monstruos.

¡Buenas noches, monstruos!

10 monstruos dormidos.

1 2 3 4

5 6 7 8

¿Puedes contarlos?

9 10

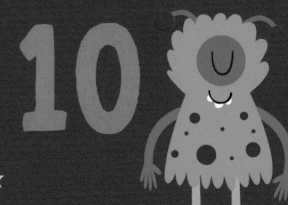